CACHORRO: Un oso bebé

COMUNICARSE: Transmitir información

HÁBITAT: El ambiente natural de un animal

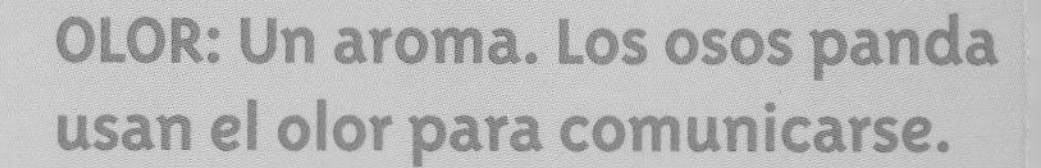

OLOR: Un aroma. Los osos panda usan el olor para comunicarse.

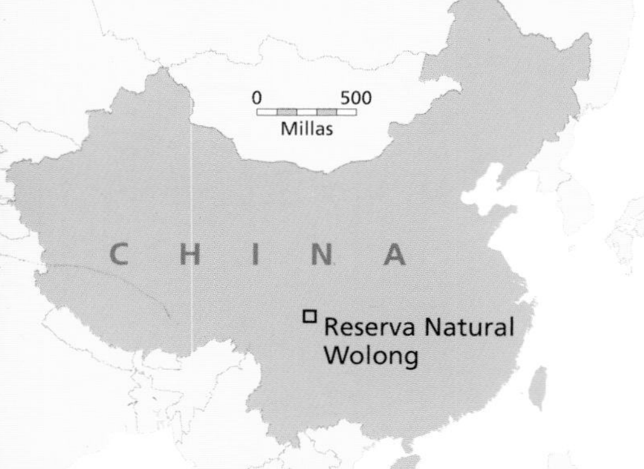

RESERVA: Un área natural protegida

TERREMOTO: Cuando la corteza de la Tierra se mueve, hace que el piso tiemble.

¡Los osos panda aparecen en historias y poemas chinos escritos hace más de 3.000 años! Con el paso de los años, sus nombres han cambiado. ¿Qué nombre crees que les queda mejor?

NIVEL 2

Los Pandas

Anne Schreiber

Washington, D.C.

Para Lee Lee e Indy

Libro en rústica: 978-1-4263-2494-9
Libro de tapa dura: 978-1-4263-2495-6

Tapa, 6, 13, 18 izquierda, 19 derecha, 28-29 (todo): Lisa & Mike Husar/Team Husar Wildlife Photography; 1, 22: Katherine Feng/Minden Pictures/National Geographic Stock; 2, 32 (arriba, derecha): WILDLIFE GmbH/Alamy; 5: Keren Su/China Span/Alamy; 6 (recuadro): James Hager/Robert Harding World Imagery/Getty Images; 8-9, 32 (arriba, izquierda): DLILLC/Corbis; 10-11: Eric Isselée/Shutterstock; 14: age fotostock/SuperStock; 16, 24-25: Katherine Feng/Globio/Minden Pictures/National Geographic Stock; 17, 18-19, 32 (abajo, izquierda): Katherine Feng/Minden Pictures; 21: Kent Akgungor/Shutterstock; 22-23 (recuadro), 32 (al medio, derecha): Carl Mehler/National Geographic Society, Maps Division; 26, 32 (abajo, derecha): ChinaFoarribaress/Getty Images; 30-31 (todo): Dan Sipple; 32: (al medio, izquierda): Kitch Bain/Shutterstock

Gracias a Kirsten Speidel, Profesor Asistente del Idioma Chino en Swarthmore College, por su ayuda con la traducción y pronunciación.

Impreso en los Estados Unidos de América
15/WOR/1

Tabla de contenidos

¡Panda gigante!

¡Mira! ¡Arriba en el árbol!
¿Es un gato? ¿Es un mapache?
¡No! ¡Es un **panda gigante!**

Los pandas gigantes pueden escalar hasta las copas más altas de los árboles. Viven en las montañas más altas. Comen bambú durante horas todos los días.

Oso gato

panda gigante

oso negro

Los osos panda son del mismo tamaño que sus primos los osos negros pero sus cabezas son más grandes y más redondas. Además, los osos panda no pueden pararse en las patas traseras como lo hacen otros osos.

Los osos panda son una clase de oso pero se parecen mucho a los mapaches y a los gatos. En China, a los osos panda a veces los llaman *daxiongmao* (da shi-ONG ma-oh), lo cual significa "oso gato gigante."

Como todos los osos, los osos panda son animales fuertes e inteligentes con dientes afilados y un buen olfato. Los machos pesan aproximadamente 250 libras y miden de 4 a 6 pies.

Los osos panda son excelentes trepadores. ¡A veces hasta duermen en los árboles!

Oso-palabra

Hábitat: El ambiente natural de un animal

Los osos panda han vivido en las montañas altas de China durante millones de años. Hace frío y llueve pero allí hay muchos árboles y la planta favorita del oso panda—el bambú.

Antes, los osos panda vivían en otros lugares también pero hoy hay menos áreas forestales con bambú. Ahora los osos panda viven en seis hábitats forestales en China.

El cuerpo del oso panda

Los osos panda son blancos y negros. Estos colores pueden ayudarlos a esconder a los pandas bebés de sus depredadores, o sus enemigos, en el bosque nevado y montañoso.

Su pelaje aceitoso y lanudo los mantiene calentitos en los bosques fríos y húmedos donde viven.

Los pelos de las patas los mantienen calentitos cuando pisan tierra nevada.

Las manchas negras alrededor del ojo los ayudan a verse feroces.

Como los gatos, los osos panda ven muy bien de noche que es cuando más activos son.

Los osos panda tienen dientes grandes y músculos fuertes en la mandíbula que son perfectos para moler cañas de bambú.

Desayuno de bambú

Los osos panda pasan el día durmiendo un poco y comiendo ¡MUCHO!

Bambú para el desayuno, bambú para el almuerzo, bambú para la merienda y bambú para la cena. ¿Qué comen los osos panda? Adivinaste bien—¡bambú! El bambú es casi toda la dieta de un oso panda.

P ¿A los osos panda, por qué les gusta el bambú?

R ¡Es estu-panda!

Los osos panda tienen que comer entre 20 y 40 libras de bambú todos los días para sobrevivir. ¡Les lleva entre 10 y 16 horas por día encontrar y comer todo ese bambú!

Un día en la vida de un oso panda

Generalmente, los osos panda viven solos. Pero a veces pasan tiempo en grupos pequeños.

Los osos panda usan 11 llamadas diferentes para comunicarse unos con otros. También dejan su olor en las rocas y en los árboles para que los otros osos panda los encuentren.

Oso-palabra

Comunicarse: Transmitir información

Olor: Un aroma. Los osos panda usan el olor para comunicarse.

Primeros pasos

En agosto o septiembre, un oso panda mamá encuentra una madriguera y da a luz. Su cachorro recién nacido es del tamaño y peso de un sándwich de helado.

Los cachorros son rosados, pelados y ciegos cuando nacen. Pasan el día chillando, llorando y mamando.

Cachorro: Un oso bebé

Pronto el pelo negro crecerá alrededor de los ojos, orejas y patas del cachorro.

Los cachorros se quedan con sus mamás hasta que tienen dos o tres años.

1.

En unas semanas, la mamá puede dejar a su cachorro para buscar bambú. El bebé llora menos y puede mantenerse calentito.

2.

Cuando un cachorro tiene aproximadamente ocho semanas, al fin abre los ojos. Pero todavía no puede caminar hasta que tiene tres meses.

3.

Cuando el cachorro tiene seis meses, puede comer bambú, trepar a los árboles y caminar como su mamá.

El panda rojo

Cuando la gente piensa en los osos panda, normalmente piensa en el panda gigante. ¿Pero sabías que hay otra clase de panda?

Los pandas rojos también viven en China y otras partes de Asia. Comen bambú como los pandas blancos y negros pero también les encantan las raíces y las bellotas. Los pandas rojos sólo tienen el tamaño de un gato.

El panda rojo tiene pelo rojo y se parece más a un mapache que a un oso.

Protegiendo a los osos panda

Oso-palabra

Reserva: Un área natural protegida

Hoy sólo quedan aproximadamente 1.600 osos panda en libertad. Muchos de los bosques adonde viven han sido destruidos para plantar cultivos. Los osos panda no tienen dónde ir y tampoco qué comer.

Reserva Natural Wolong (Wu-long) de Osos Panda en China es una manera en que la gente intenta mejorar esta situación.

Los 150 osos panda que allí viven están protegidos.

Boom de pandas bebés

Los osos panda también están protegidos en los parques zoológicos. Los primeros osos panda llegaron a los Estados Unidos de China en 1972. Hoy hay aproximadamente 100 Pandas Rojos y Pandas Gigantes en los zoológicos.

En un sólo año, nacieron 16 cachorros en la Reserva Wolong de Osos Panda.

Al principio fue difícil para las osas mamás tener cachorros en los zoológicos y en las reservas. Pero últimamente ha habido un ¡boom de osos panda! ¡Vamos cachorros!

¡Terremoto!

En mayo de 2008, un terremoto importante sacudió China. El epicentro del terremoto estuvo cerca de la Reserva Wolong. Piedras del tamaño de un carro cayeron desde las montañas empinadas destruyendo los hogares de los osos panda.

Ahora los trabajadores tienen que encontrar un lugar nuevo para los osos panda que perdieron su hogar.

Oso-palabra

Terremoto: Cuando la corteza de la Tierra se mueve, hace que el piso tiemble.

¡Datos panda-sombrosos!

¿Sabías?

¡Los emperadores chinos antiguos tenían osos panda como **mascotas**!

Los osos panda **ruedan** y dan vueltas para llegar más rápido a donde quieren ir.

Los osos panda son muy **tímidos** y se alejan de donde están las personas.

¡Los osos panda son **rosados** cuando nacen! El color viene de la saliva de la madre cuando los lame.

Los osos panda no pueden correr muy rápido, pero son buenos **nadadores** y excelentes **trepadores**.

¡Los osos panda pueden comer más de **22.000 libras** de bambú por año!

Lleva **cuatro años** saber si un cachorro panda es macho o hembra.

Nombra al oso

白豹

leopardo blanco

oso blanco

猛氏兽

depredador

花熊

oso vendado